Gott:

Du begleitest mich.
Du siehst mich.
Du achtest auf mich.

Fotos: Cover, S. 2f., 24f.: © olegganko; S. 9: © TTstudio; S. 13: © Maxim Mukhin; S. 14f.: © elinacious; S. 17: © KSSM tomo; S. 18f.: © Henry Letham; S. 20: © VISUAL BACKGROUND; S. 27: © Dilok; S. 28: © paul; S. 33: © Pixel-Shot; S. 34: © Sensay; S. 38f.: © QuietWord; S. 40f.: © sborisov; S. 43: © blackday; S. 44: © Ilia Nesolenyi – alle: stock.adobe.com

Abbildungen: © piixypeach (Kreise); © Siwakorn1933 (Federn); © Art_tetsu (Noten) – alle: stock.adobe.com

Bibliografische Information der Deutschen Nationalbibliothek
Die Deutsche Nationalbibliothek verzeichnet diese Publikation in der Deutschen Nationalbibliografie; detaillierte bibliografische Daten sind im Internet über http://dnb.d-nb.de aufrufbar.

Das Gesamtprogramm
von Butzon & Bercker
finden Sie im Internet
unter **www.bube.de**

ISBN 978-3-7666-3707-9

© 2025 Butzon & Bercker GmbH, Hoogeweg 100, 47623 Kevelaer, Deutschland.
www.bube.de
Alle Rechte vorbehalten.
Umschlaggestaltung: Tanja Manden, Kevelaer
Layout und Satz: Roman Bold & Black, Köln

Jochen Straub   Armin Gissel

Von allen Seiten umgibst du mich

Einfache Trost-Gedanken

Butzon & Bercker

Liebe Leserin, lieber Leser!

Viele Menschen kennen das:
- Abschiede.
- Trauer.

Das ist nicht einfach.

Viele Menschen suchen:
- Antworten.
- Hilfe.

Dieses Buch kann Hilfe und Antworten geben.
Die Texte sagen Schweres einfach.
Bilder begleiten die Texte.

Wir laden Sie ein:
Suchen Sie mit uns
- Ihre Antwort.
- Ihre Hilfe.

Trauer geht damit nicht weg.
Aber sie wird etwas leichter.

Jochen Straub   Armin Gissel

Abschied

In unserem Leben gibt es viele Abschiede:
- Von unseren Kindern.
- Von Freunden.
- Von unserem Beruf.
- Von unserer Gesundheit.

Jetzt muss ich mich von dir verabschieden.
Du gehst in ein neues Land.
Dort gibt es keinen Abschied mehr.
Dort gibt es nur noch Ankommen.
Für immer.

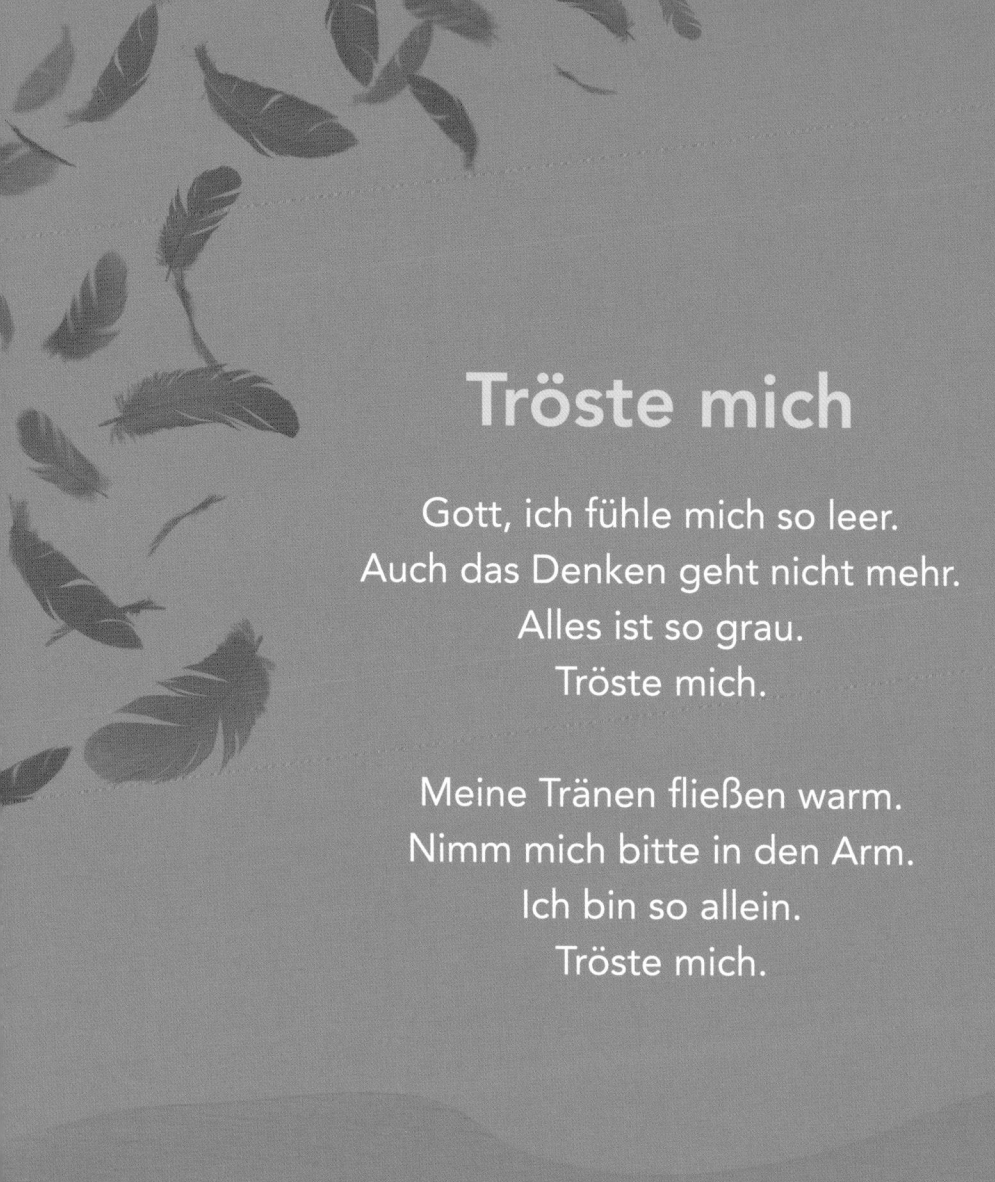

Tröste mich

Gott, ich fühle mich so leer.
Auch das Denken geht nicht mehr.
Alles ist so grau.
Tröste mich.

Meine Tränen fließen warm.
Nimm mich bitte in den Arm.
Ich bin so allein.
Tröste mich.

Zeige du mir einen Weg.
Hilf mir, dass es besser geht.
Hilf mir, guter Gott.
Tröste mich.

Mein Lied

Mir fehlen die Worte.
Ich kann nicht mehr beten.

Da höre ich dieses Lied.
Es ist eine einfache Melodie.

Ich summe leise mit.
Das sagt mehr als viele Worte.

Gott ist da

Ich schaue hinauf zu den Bergen.
Wer hilft mir?
Gott hilft mir.
Gott hat Himmel und Erde gemacht.
Gott passt auf.
So kann ich sicher gehen.
Gott passt auf.
Er ist immer wach.
Gott ist da,
was immer ich tue.

Am Tag,
wenn die Sonne scheint.
In der Nacht,
wenn der Mond am Himmel ist.
Gott behütet mich vor allem Bösen.
Meine Seele bleibt gesund.
Gott behütet mein Ende.
Und meinen neuen Anfang.

**Jetzt.
Heute.
Morgen.
Jeden Tag.
Immer.**

Nach Psalm 121

Pfütze

Ich bin sehr traurig.
Das Wetter passt zu meiner Stimmung.
Es regnet.
Viele dunkle Wolken ziehen vorbei.
Ich gehe durch die Straßen.
Ich bin klitschnass.
Ich schaue in eine große Pfütze.
Darin sehe ich den Himmel.

Ist das nicht wunderbar?

In jeder dreckigen Pfütze
kann ich den Himmel sehen!

Das hilft

Ich bin traurig.

Mir fehlen die Worte.
Mir fehlt eine Umarmung.

Ich brauche Trost.
Tröste du mich.

Sage mir ein gutes Wort:
Nur du kannst es sagen.

Schenke mir eine Umarmung:
Nur du kannst sie schenken.

Du fehlst

Ich denke oft an dich:
Das macht mich manchmal traurig.

Ich denke oft an dich:
Das macht mich manchmal froh.

Ich denke oft an dich:
Das Leben ist so schnell vorbei.

Ich denke oft an dich:
Du fehlst mir so.

Ich zünde eine Kerze an.
Jetzt denke ich an dich.
Danke für die Zeit mit dir.

Freunde

Was sind gute Freunde?

Das sind wirklich echte Freunde:
Ich kann auch nachts um drei Uhr anrufen
und zu ihnen kommen.

Das sind wirklich echte Freunde:
Bei ihnen kann ich weinen.
Sie halten das aus.
Sie kommen nicht mit blöden Sprüchen.
Ich schäme mich nicht.

Wirklich echte Freunde sagen:
Ich mache dir einen Kaffee.
Sie fragen:
Magst du etwas essen?

Ich fühle mich bei ihnen schnell wieder besser.
Ich fühle mich nicht gut.
Aber es geht wieder.

Wirklich echte Freunde tragen mich.
Sie geben mir Halt.

Gemeinsam bunt

Gemeinsam bunt.
So gehen wir durchs Leben.

Du gehörst dazu.
Ich gehöre dazu.

Freude gehört dazu.
Trauer gehört dazu.

Ich bin traurig.
Alles ist grau.

Was hilft?

Gemeinschaft hilft.
Du hilfst.

Gemeinschaft ist ein Segen.

Du bist ein Segen:
- Deine Hand auf meiner Schulter.
- Dein Blick in meine Augen.
- Dein gutes Wort.

**Gemeinsam bunt.
So gehen wir durchs Leben.**

Liebe

Ein Mensch ist gestorben.
Ich habe ihn sehr geliebt.
Und er hat mich geliebt.
Ich liebe ihn immer noch sehr.
Wohin jetzt mit meiner Liebe?
Ich brauche einen Platz für diese Liebe.
Wo finde ich diesen Platz?

In meinem Herzen?

Ich glaube:
Das ist ein wunderbarer Ort
für meine Liebe.

Jesus, hilf mir

Jesus,
hilf mir!
Mache mich wieder froh.
Ich glaube:
Du kannst das.
Du wirst mir helfen.
Hilf mir bitte.
Amen.

Vertrauen

Von allen Seiten umgibst du mich.
Du hältst deine Hand über mir.

  Gott:
  - Du kennst mich.
  - Du gibst auf mich Acht.
  - Immer.

Von allen Seiten umgibst du mich.
Du hältst deine Hand über mir.

  Gott, du kennst:
  - Alles was ich denke.
  - Was ich fühle.
  - Was ich sage.

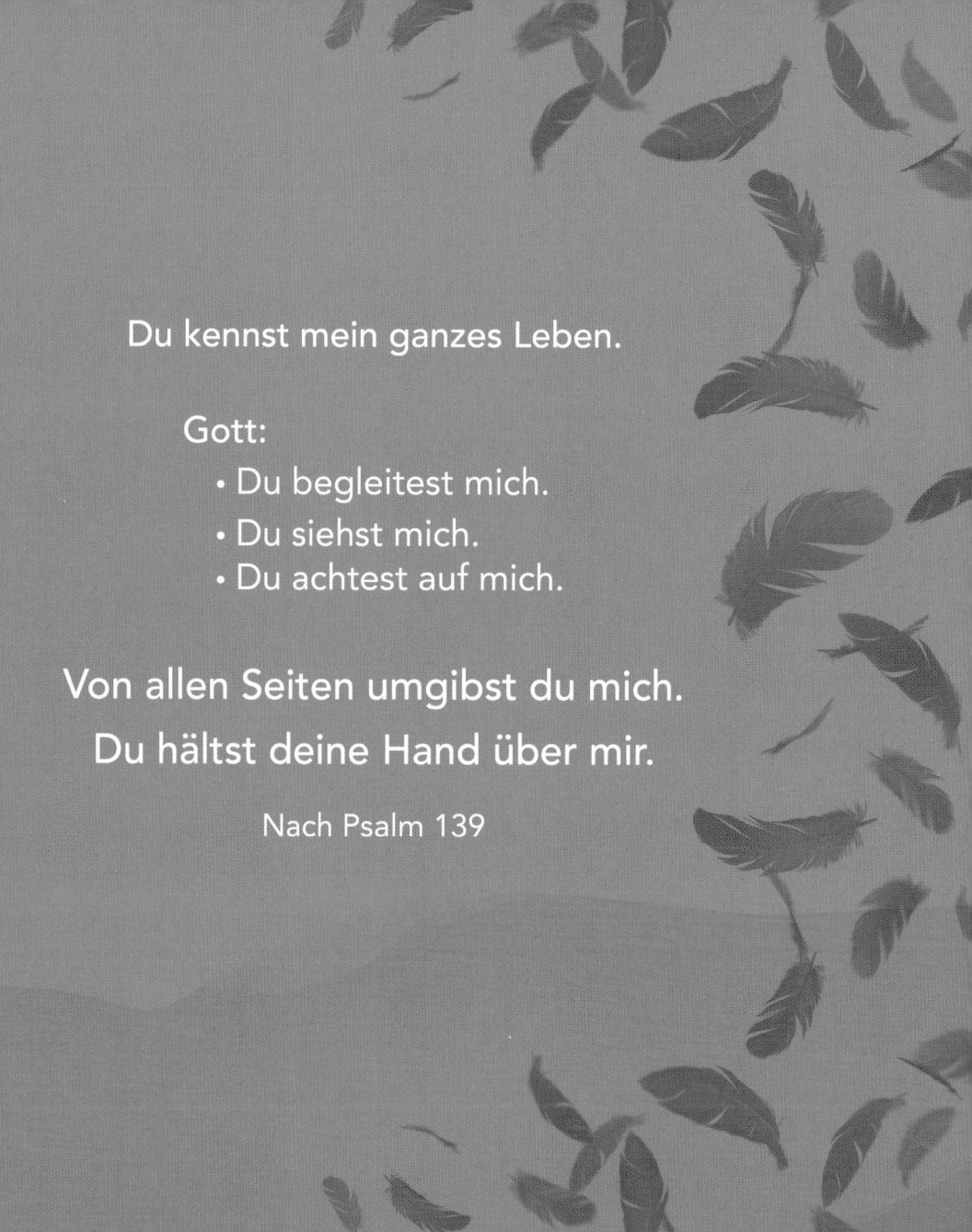

Behalte die Gabel

Neulich war ich auf einem Markt.
Da hat ein Mann Schmuck angeboten.
Der Schmuck war aus altem Besteck.

Ich habe mir einen Reif für den Arm gekauft.
Er ist aus einer gebogenen Gabel gemacht.
Das erinnert mich an dich.

Wir haben so gerne zusammen gegessen.
Du hast oft gesagt:
Behalte die Gabel – es kommt noch etwas Gutes.
Dann haben wir oft noch einen guten Nachtisch gegessen.

Ich hoffe so sehr: Es kommt noch etwas Gutes.
Etwas Gutes für dich.
Etwas Gutes für mich.

Lebensbuch

Unser Leben ist wie ein Buch.
Wir schreiben das Buch gemeinsam.
Wir lesen das Buch gemeinsam.

Ein Buch hat viele Seiten.
Irgendwann kommt die letzte Seite.

Ein Buch kann ich immer wieder aufmachen.
Ich kann mich an einzelne Seiten erinnern.
Ich kann mich an die schönsten Seiten erinnern.

Gott ist mein Hirte

Gott ist mein Hirte.
Mir wird es gut gehen.
Er führt mich zu saftigen grünen Wiesen.
Und zu einer frischen Quelle.
Er gibt mir Kraft.
Er passt auf mich auf.

Ich kann meinen Weg sicher gehen.
Manchmal gehe ich durch ein dunkles Tal.
Ich habe keine Angst.
Gott ist bei mir.
Er beschützt mich.
Wie der Hirte die Schafe.

Gott lädt mich ein.
Er gibt mir zu essen und zu trinken.
Bei Gott bin ich immer Gast.
Ich werde gut bewirtet.
Gottes Liebe ist immer bei mir.
Bei ihm bin ich daheim.

Nach Psalm 23

Engel

Ich wünsche dir Engel.
Engel sollen dich begleiten.
Sie führen dich in eine neue Stadt.

In der Stadt empfangen dich noch mehr Engel.
Ein großer Chor von Engeln singt für dich.

Jesus ist da.
Er schenkt dir neues Leben.
Für immer.

Himmel

Emilia wohnt in einer großen Stadt.
Sie ist sechs Jahre alt.
Ihr Großvater ist gestorben.

In den Ferien besucht Emilia ihre Großmutter.
Die Großmutter lebt in einem kleinen Dorf.
Am Abend sitzen Emilia und ihre Großmutter auf
einer Bank vor dem Haus.
Sie schauen zum Himmel hinauf.
Emilia findet den Himmel wunderschön.
So hell und leuchtend
hat Emilia die Sterne noch nie gesehen.

Emilia sagt zu ihrer Großmutter:
Der Himmel ist so schön!
Emilia denkt an ihren Großvater.
Sie sagt:

Wie schön muss der Himmel erst auf Großvaters Seite sein!

Neue Tür zu dir

Ich stehe vor deiner Tür.
Du bist nicht mehr hier.
Dann schaue ich zum Himmel.
Ich sehe graue Wolken.

Plötzlich öffnen sich die Wolken.
Es gibt ein kleines Loch in den Wolken.
Ein heller Sonnenstrahl scheint durch das Loch.
Ich spüre die Wärme auf meiner Haut.

Ich vertraue:
Du bist jetzt im Himmel.
Das Loch in den Wolken ist wie eine offene Tür zu dir.
Ich denke an dich.

Ein bunter Strauß Blumen

Gestern habe ich einen Blumenstrauß gepflückt.
Ich habe viele bunte Blumen gefunden.
Grüne Gräser sind dabei.
Der Strauß steht in meinem Zimmer.

Die roten Blumen erinnern mich
an unsere Liebe.
Die gelben Blumen erinnern mich
an unsere hellen Tage.
Die blauen Blumen erinnern mich
an unsere Treue.
Die grünen Gräser erinnern mich
an unser gemeinsames Leben.

Immer verbunden

Ich bin mir ganz sicher:
Mit der Liebe von Gott bleiben wir immer verbunden:
- Im Leben.
- Im Tod.

Gott hat uns diese Liebe geschenkt.
In Jesus Christus.

Nach Römer 8,38f.